Tobias Landstorfer

Vergleich von Softwareprodukten für ein Supplier Relationship Management (SRM)

GRIN Verlag

Bibliografische Information der Deutschen Nationalbibliothek:

Die Deutsche Bibliothek verzeichnet diese Publikation in der Deutschen National-
bibliografie; detaillierte bibliografische Daten sind im Internet über http://dnb.d-
nb.de/ abrufbar.

Impressum:

Copyright © 2013 GRIN Verlag GmbH
Druck und Bindung: Books on Demand GmbH, Norderstedt Germany
ISBN: 978-3-656-53313-9

Dieses Buch bei GRIN:

http://www.grin.com/de/e-book/263943/vergleich-von-softwareprodukten-fuer-ein-
supplier-relationship-management

GRIN - Your knowledge has value

Der GRIN Verlag publiziert seit 1998 wissenschaftliche Arbeiten von Studenten, Hochschullehrern und anderen Akademikern als eBook und gedrucktes Buch. Die Verlagswebsite www.grin.com ist die ideale Plattform zur Veröffentlichung von Hausarbeiten, Abschlussarbeiten, wissenschaftlichen Aufsätzen, Dissertationen und Fachbüchern.

Besuchen Sie uns im Internet:

http://www.grin.com/

http://www.facebook.com/grincom

http://www.twitter.com/grin_com

Vergleich von Softwareprodukten für ein Supplier Relationship Management (SRM)

Abschlussbericht
B-LMGV01XX

zum Modul
Logistikmanagement
im Masterstudiengang Wirtschaftsinformatik

an der
Wilhelm Büchner Hochschule
Darmstadt

Diplom-Informatiker (FH)
Tobias Landstorfer

Hüttlingen, den 12.10.2013

Kurzfassung

Gegenstand der hier vorgestellten Arbeit ist ein Projektabschlussbericht zum Thema „Vergleich von Softwareprodukten für ein Software für ein Supplier Relationship Management (SRM)". Das Thema wurde als Prüfungsrelevante Hausarbeit im Modul Logistikmanagement im Masterstudiengang Wirtschaftsinformatik an der Wilhelm Büchner Hochschule in Darmstadt gewählt. Das Arbeitspensum (Workload) dieser Prüfungsaufgabe wird von der Hochschule mit vier „Credit Points" (CP) nach dem „European Credit Transfer and Accumulation System" (ECTS) gewichtet.

Schlagworte: Hausarbeit, Typ-B Prüfung, Logistik, Logistikmanagement, SRM, Supplier Relationship Management, Lieferantenbeziehungen, Lieferanten, Warenbezug, Einkauf, Vergleich, Softwarelösung

Inhaltsverzeichnis

Abbildungsverzeichnis

Tabellenverzeichnis

1   Einleitung

Die vorgestellte Arbeit beschäftigt sich mit dem Vergleich verschiedener Softwarelösungen für ein Lieferantenbeziehungsmanagement (engl. Supplier Relationship Management oder kurz SRM). Die Beschaffungseinheiten und der Einkauf spielen eine zentrale Rolle in den Unternehmen. Die Änderung und Umstrukturierung der Wertschöpfungsprozesse in Unternehmen, durch einen vermehrten Zukauf externer Waren und Dienstleistungen, welche durch leistungsfähige Lieferanten gekennzeichnet ist, setzt ein strukturiertes und geordnetes Lieferantenbeziehungsmanagements voraus[1]. Oberstes Ziel ist es, die Wertschöpfungskette gesamthaft zu optimieren, um kosten-effektive Lösungen zu realisieren. Durch gezielte Vorgehensweise wird gleichzeitig eine Steigerung der Wettbewerbsfähigkeit erzielt, da Schwächen in der Zusammenarbeit identifiziert und minimiert sowie Stärken der Lieferanten erkannt und genutzt werden können. Hierfür bieten unterschiedliche Softwareanbieter Lösungen an. Diese Arbeit soll einen Beitrag dazu leisten, anhand eines Softwarevergleichs, eine am Markt verfügbare Software für ein Lieferantenbeziehungsmanagement zu identifizieren und auszuwählen.

1.1   Einordnung des Themas

Appelfeller und Buchholz definiert das Wertschöpfungsmanagement (engl. SCM; Supply Chain Management) wie folgt:

„Das Management der gesamten Wertschöpfungskette wird häufig als Supply Chain Management bezeichnet und bezieht sich auf die strategische Planung und operative Abstimmung logistischer Aktivitäten entlang der gesamten Wertschöpfungskette vom Rohstofflieferanten bis zum Endkunden. Hierbei konzentriert sich das Supply Chain Management auf den Material- und Informationsfluss."[2]

---

[1] Vgl. Hartmann, 2013
[2] Appelfeller & Buchholz, 2011, S. 6

In diesem Kontext bezieht sich das Supplier Relationship Management als das Management der Beziehungen zwischen einem Unternehmen und einem Lieferanten. Auf der anderen Seite steht das Management der Beziehungen zwischen den Kunden. Dieses wird als Customer Relationship Management (CRM) bezeichnet und hat das Ziel die Kundenbeziehungen zu optimieren. SRM und CRM können somit als einen Teil des Wertschöpfungs- managements verstanden werden. Die Nachfolgende Grafik zeigt diesen Zusammenhang zwischen Supply Chain Management (SCM), Supplier Relationship Management (SRM) und Customer Relationship Management (CRM).

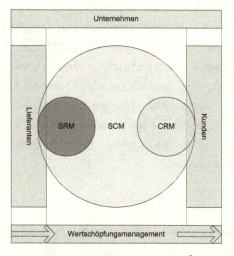

Abbildung 1: Einordnung SRM[3]

1.2   Ziele

Das allgemeine Ziel eines Supplier Relationship Management liegt im Aufbau und der Pflege von Lieferantenbeziehungen. SRM betrachtet alle Entscheidungen bezüglich der gesamten Lieferantenbeziehungen in einem Unternehmen über sämtliche Geschäftsbereiche hinweg, die zu einem

---

[3] Eigene Darstellung

strategischen Wettbewerbsvorteil führen. Die gesamte Wertschöpfungskette wird betrachtet vom Lieferanten bis zum Endkunden. Das Supplier Realationship Management betrachtet die Wertschöpfung zwischen Unternehmen und Lieferant. Die Übergeordneten Ziele des Supplier Relation Management sind dabei zusammengefasst[4]:

- Optimierung der Beziehung zu allen Lieferanten

- Optimierung der Beschaffungsprozesse

- Reduzierung der Einstandspreise

- Verbesserung der Prozessqualität

- Verbesserung der Beschaffungsdurchlaufzeiten

- Verbesserung der Transparenz im Beschaffungswesen

Ziel dieser Arbeit ist eine Methode zu entwickeln, um eine Software zur Unterstützung von einem Lieferantenbeziehungsmanagement auszuwählen. Der Schwerpunkt liegt dabei bei mittelständischen und großen Unternehmen. Diese Methode soll an einem konkreten Fallbeispiel anhand eines mittelständischen Unternehmens angewendet werden.

1.3 Abgrenzung

Um ein Softwaresystem für ein Lieferantenbeziehungsmanagement optimal nutzen zu können, gehören nach Appelfeller und Buchholz weitere Systeme dazu. Im Einzelnen sind dies folgende Komponenten:

- Enterprise Resource Planning System (ERP)

- Dokument Management-System (DMS)

- Data Warehouse-System (DWH)

- Intranet- und Extranet-Portalsystem

- Workflow- und Stammdatensystem

Das nachfolgende Schaubild[5] zeigt diesen Zusammenhang:

---

[4] Krieger, 2013
[5] Vgl. Appelfeller & Buchholz, 2011, S. 16

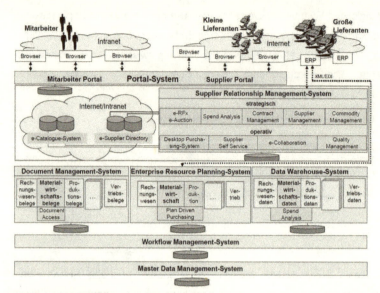

Abbildung 2: SRM Komponenten

Quelle: Appelfeller & Buchholz, 2011, S. 16

In dieser Hausarbeit werden jedoch nur Softwaresysteme für ein SRM gegenübergestellt. Insbesondere unter der Betrachtung der strategischen und operativen Eigenschalten. Die strategischen Eigenschaften umfassen[6]:

- e-Auction
- Spend-Analyse
- Contract Management
- Supplier Management
- Commodity Management

Die operativen Eigenschaften umfassen[7]:

- Desktop Purchasing System
- Supplier Self Service
- E-Collaboration
- Supplier Self Service

Andere Systeme sowie Eigenschaften sind nicht Bestsandteil dieser Arbeit.

---

[6] Vgl. Appelfeller & Buchholz, 2011, S. 19-20

[7] Vgl. Appelfeller & Buchholz, 2011, S. 21-22

2 Grundlagen

In diesem Kapitel wird auf den Begriff des Supplier Relationship Management und dessen Bedeutung genauer eingegangen. Dabei soll der Zusammengang zwischen anderen Begriffen eingegangen werden. Die am SRM beteiligten Prozesse sowie die Arten der Lieferantenbeziehung werden dargestellt. Zudem werden die Kriterien die für den Softwarevergleich gezeigt.

2.1 Supplier Relationship Management

Nach Buchholz und Appelfeller basiert das Supplier Realtionship Management auf drei Strategieebenen[8]. Nachfolgendes Diagramm zeigt diese Strategieebenen:

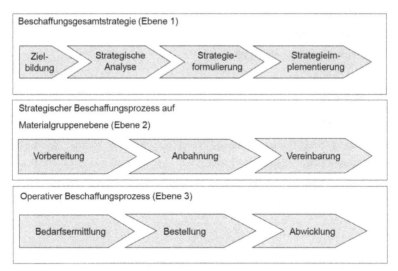

Abbildung 3: Prozesse im Beschaffungsmanagement
Quelle: Appelfeller & Buchholz, 2011, S. 8

Die erste Ebene beinhaltet den operativen Beschaffungsprozess. Dieser beschäftigt sich mit der Bedarfsermittlung sowie dem Bestellvorgang und

---

[8] Vgl. Appelfeller & Buchholz, 2011, S. 8

dessen Abwicklung. Die zweite Ebene beinhaltet den strategischen Beschaffungs-prozess auf Materialgruppenebene. Dieser beschäftigt sich mit der Vorbereitung, Anbahnung und Vereinbarungen für die Beschaffung von Materialien. Die oberste Ebene beinhaltet die Beschaffungsgesamtstrategie. Die Gesamtstrategie legt die Beschaffungsziele, die strategische Analyse und Formulierung sowie deren Implementierung fest.

2.2 Arten der Lieferantenbeziehung

Die Lieferantenbeziehung ist die Art und Weise wie Unternehmen und Lieferanten zusammenarbeiten[9].

- Eng bis weit
- Vertrauensvoll bis skeptisch
- Partnerschaftlich bis gegeneinander
- Kurzfristig bis langfristig
- Effizient bis ineffizient
- Direkt bis indirekt
- Papierbasiert bis elektronisch

2.3 Kriterien

Nach Appelfeller und Buchholz lassen sich die Kriterien, anhand denen verschiedene SRM-Softwareprodukte verglichen werden können, in drei Ebenen-Kategorien Strategie, Operative und Technik einteilen[10]. Die **strategische Ebene** fasst Bewertungseigenschaften zur Unterstützung der strategischen Prozesse zusammen:

- **E-Auction**
  Mit E-Auctions lassen sich über das Internet Preisverhandlungen parallel mit einer Vielzahl von Bietern führen.

---

[9] Vgl. Appelfeller & Buchholz, 2011, S. 10
[10] Vgl. Appelfeller & Buchholz, 2011, S. 19-22

- **Spend-Analyse**

  Eine Spend-Analyse dient zur Gesamtheitlichen Analyse aller einkaufsbezogenen Ausgaben. Voraussetzung hierfür sind konsolidierte Stammdaten.

- **Contract Management**

  Ein Contract Management ermöglicht neben Standard Kontrakten, wie sie aus ERP-Systemen bekannt sind, Zentralkontrakte zu verwalten, aus denen z.b. auch Tochterunternehmen Bestellungen abrufen können.

- **Supplier Management**

  Mit dem Supplier Management kann eine Vielzahl unterschiedlicher Funktionen rund um den Lieferanten bereitgestellt werden.

- **Commodity Management**

  Ein Commodity Management ermöglicht mit wenig Aufwand eine integrierte Sicht auf eine Materialgruppe.

Die **operative Ebene** fasst Bewertungseigenschaften zur Unterstützung der operativen Prozesse zusammen.

- **Desktop Purchasing-System**

  Mit Desktop Purchasing-Systemen können Fachabteilungsmitarbeiter eine Vielzahl von indirekten Materialien wie zum Beispiel Büromaterialien, Werkzeuge, Bücher ohne operative Einbindung des Einkaufs selbstständig beschaffen.

- **Supplier Self Service**

  Ein Supplier Self Service stellt Portalfunktionalitäten zur IT-seitigen Anbindung von Lieferanten zur Verfügung.

- **E-Collaboration**

  Die E-Collaboration Dienste unterstützen die IT-seitige Zusammenarbeit zwischen Lieferanten und Abnehmer.

- **Quality Management**

  Ein Qualitätsmanagement dokumentiert die Qualität vom Lieferant gelieferten Waren. Das Qualitätsmanagement wird in der Regel auch als Reklamationsmanagement verwendet.

Die **technische Ebene** fasst Bewertungseigenschaften zur Unterstützung der operativen Prozesse zusammen.

- **Modularität**

  Es können einzelne Softwarefunktionen bei Bedarf hinzugenommen werden.

- **Softwareaktualisierung (Update)**

  Beschreibt den Software-Release-Zyklus und den Intervall indem der Software-hersteller Aktualisierungen der Softwarelösung anbietet.

- **Verfügbare Sprachen**

  Die Anzahl der Verfügbaren verschiedenen Sprachen.

- **Schnittstellen**

  Die Anzahl der verfügbaren Schnittstellen zur Anbindung verschiedener andere Softwaresystemen. Insbesondere CRM-Systeme.

- **ERP-Integration**

  Die ERP-Integration beschreibt die Möglichkeit der vollständigen Integration in ein ERP-System ohne Verendung einer externen Schnittstelle.

- **Daten Import- und Exportfunktionen**

  Die Möglichkeit per Massen-Upload oder Download Daten aus anderen Datenquellen in das SRM-System zu laden.

Die Kriterien sind aus der Abbildung zwei abgeleitet. Diese Kategorisierten Kriterien werden als Grundlage für einen Software-Vergleich herangezogen und hinsichtlich der individuellen Anforderung eines Unternehmens auf deren Relevanz gewichtet und bewertet.

3   Vorgehensweise

Grundlagen der Arbeit wurde im Vorangegangen Kapitel gezeigt. In diesem Kapitel wird die Methodik innerhalb dieser Hausarbeit beschrieben. Es wird auf die Vorgehensweise zum Vergleich der verschiedenen Softwareprodukte eingegangen und wie die dargestellten Kriterien im Hinblick auf die Anforderung eines Unternehmens untersucht. Diese ist im nachfolgenden Diagramm dargestellt:

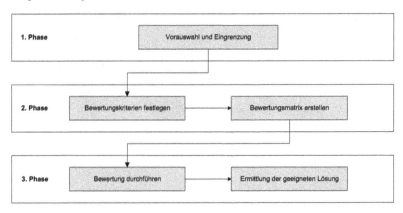

Abbildung 4: Allgemeine Vorgehensweise[11]

Es wird in drei Phasen vorgegangen. In der ersten Phase erfolgt eine Recherche und eine Vorauswahl am Markt verfügbarer Softwareprodukte zum Aufbau eines IT gestützten Lieferantenbeziehungsmanagements. In der zweiten Phase werden die Bewertungskriterien ermittelt und beschrieben sowie die Bewertungsmatrix zur Bewertung der unterschiedlichen Softwarelösungen erstellt. In der letzten Phase erfolgt die Gewichtung der Kriterien und die Bewertung des Erfüllungsgrades des Kriteriums. Im Anschluss daran wird die Bewertungsmatrix ausgewertet und die Ergebnisse gegenübergestellt.

---

[11] Eigene Darstellung

3.1 Methode

Zum Vergleich verschiedener Softwarelösungen bietet sich die Methode der Nutzwertanalyse (NWA) angewendet an. Diese Methode kann bei Entscheidungsproblemen mit mehreren Zielen oder Alternativen herangezogen werden, die auch teilweise qualitativer Natur sein können[12]. Die Nutzwertanalyse ist ein Spezialfall der sogenannten Multifaktoren-methode[13]. Diese kann auch als Scoring-Verfahren bezeichnet werden. Bei einer klassischen Nutzwertanalyse werden unterschiedlichste Kriterien bzw. Eigenschaften individuell je nach Anforderung gewichtet. Dabei kann eine Eigenschaft bei einer Variante weniger oder mehr ausgeprägt sein. Erfüllt eine Softwarelösung ein bestimmtes Kriterium, so wird dieses auf einer Punkteskala von eins bis zehn bewertet. Im Anschluss wird dann eine Gewichtung der Eigenschaften vorgenommen. Kann zu einer Eigenschaft keine Angabe gemacht werden oder ist diese eine Grundvoraussetzung wird dieses nicht bewertet und gewichtet. Nachfolgende Tabelle zeigt die Gewichtungsfaktoren welche bei der Bewertung der unterschiedlichen Softwareprodukten verwendet werden:

Tabelle 1: Gewichtungsfaktoren

Notwendig	4
Wichtig	3
Wünschenswert	2
Unwichtig	1

Der Gewichtungsfaktor wird mit der bewerteten Eigenschaft multipliziert und das Produkt in die Gewichtungsspalte der jeweiligen Softwarelösung eingetragen. Zum Schluss werden die Summen der gewichteten Eigenschaften gebildet. Pro untersuchter Softwarelösung können 450 Punkte

[12] Vgl. Bea & Haas, 1997, S. 404 ff.
[13] Vgl. Zangemeister, 1976

erreicht werden. Die maximale Gesamtpunktzahl ergibt sich aus der Gesamtsumme von 15 zu bewertenden Kriterien, bei maximal zehn vergebenen Bewertungspunkten und einem Bewertungsfaktor von vier. Diese Punktzahl entspricht damit einem Gesamterfüllungsgrad von 100 Prozent. Durch die Einführung einer Gewichtung der Eigenschaften lassen sich individuelle relevante Eigenschaften und Anforderungen von unwichtigen stärker abgrenzen. Mithilfe der Summe der gewichteten Eigenschaften können die unterschiedlichen Softwarelösungen verglichen werden.

3.2 Bewertungsmatrix

Die zuvor vorgestellten Kriterien werden nun in eine Bewertungsmatrix überführt und anhand der gezeigten Vorgehensweise auf deren Eigenschaften untersucht. Die Bewertungsmatrix ist dabei wie folgt aufgebaut.

Tabelle 2: Schematischer Aufbau der Bewertungsmatrix

Kriterium	Gewichtung	Anforderung	Bewertung des Softwareprodukts		
			Hersteller und Version		
Kategorie A			Kommentar	Bewertung	Punkte
Kriterium	G	Anforderung	Beschreibung	B	E
Kategorie B					
Kriterium	G	Anforderung	Beschreibung	B	E
Kategorie C					
Kriterium	G	Anforderung	Beschreibung	B	E
Gesamtergebnis					Σ

Die Tabelle zeigt den schematischen Aufbau der Bewertungsmatrix. In der ersten Spalte werden die zu bewertenden Kriterien eingetragen, welche in drei Kategorien aufgeteilt sind. Die zweite Spalte zeigt den Gewichtungsfaktor des Kriteriums. Die dritte Spalte zeigt die individuelle Anforderung des Unternehmens welches ein geeignetes SRM-Softwaretool identifizieren will. Auf Basis der Anforderung wird das jeweilige Kriterium hinsichtlich des Erfüllungsgrad bewertet. Die letzte Spalte ist unterteilt in drei Teilspalten. Die erste Teilspalte dient zur Beschreibung und als Kommentarmöglichkeit des zu bewertenden Kriteriums. In der zweiten Teilspalte erfolgt die Bewertung des Kriteriums. Die Bewertung wird anhand einer Punkteskala von eins bis zehn durchgeführt. Zehn Punkte ist höchste Punktzahl und ein Punkt die niedrigste. Die Punkte werden nach Erfüllungsgrad in Bezug auf die Anforderung vergeben. Kann eine Anforderung nicht bewertet werden, so wird dieses mit null Punkten bewertet. Das Kriterium wird damit nicht bewertet. Die letzte Teilspalte zeigt den Erfüllungsgrad des Kriteriums und ist das Produkt aus dem Bewertungsfaktor und den vergebenen Bewertungspunkten. Die Gesamtsumme aller bewerteten Kriterien ergibt den Gesamterfüllungsgrad der jeweiligen untersuchten SRM-Software.

4 Softwarevergleich

Im vorangegangen Kapitel wurden die Methoden zur Bewertung einer geeigneten Softwarelösung für ein Supplier Relationship Management erläutert. Die vorgestellte Methode wird nun angewendet. Es werden am Markt befindliche Softwarelösung anhand der dargestellten Methoden gegenübergesellt und anhand eines konkreten Beispiels bewertet.

4.1 Produkte

Am Markt befinden sich unterschiedliche Softwareprodukte zur Realisierung und Unterstützung eines Supplier Relationship Managements. Deshalb erfolgt eine Vorauswahl der Softwareprodukte anhand der Marktführerschaft[14] und anhand häufig in Unternehmen anzutreffenden Softwarelösungen. Folgende Softwareprodukte werden dabei betrachtet:

- Pool4Tool
- 15M-SRM
- SAP SRM
- ARIBA SRM
- LCM Purchase

4.2 Anwendung am Beispiel

Die vorgestellte Bewertungsmethode soll nun mit einem Fallbeispiels anhand eines Unternehmens des gehobenen Mittelstandes gezeigt werden. Die vorausgewählte Softwareprodukte, welche im vorangegangen Kapitel dargestellten sind, werden nun in Bezug auf die Anforderungen des Unternehmens bewertet. Ziel ist eine Identifizierung einer geeigneten Softwarelösung für das Unternehmen. Dazu soll folgendes fiktive Unternehmen als Beispiel dienen:

- Handelsunternehmen im oberen Mittelstand

---

[14] Vgl. Heß, Ettinger, & Wesp, 2010, S. 125-180

- Spezialisierung auf den Handel von Metallen, insbesondere mit unterschiedlicher Sorten von Stähle
- 800 Mitarbeiter erwirtschaften einen Umsatz von 1 Mrd. EUR
- ERP sowie CRM Systeme sind vollständig eingeführt
- Konzentration auf den Europäischen Markt
- Zentrale Einkaufsorganisation

Nach Henning und Schneider zeichnen sich Handelsunternehmen im Allgemeinen um ein ökonomisches, technisches, soziales und ökologisches System, in dem Unternehmer und Mitarbeiter fremd erstellte Sachleistungen mit eigenerstellten Dienstleistungen zu marktfähigen Handelsleistungen kombinieren um diese selbsterschaffenen Erzeugnisse gegen Entgelt wieder am Markt anzubieten. Die Nachfolgende Grafik zeigt die Kernprozesse und Aufgaben von Handelsunternehmen:

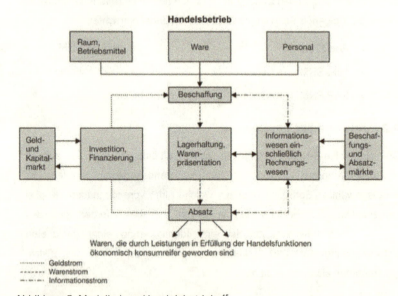

Abbildung 5: Modell eines Handelsbetriebs[15]
Quelle: Hennig & Schneider, 2013

---

[15] Vgl. Hennig & Schneider, 2013

In diesem Fallbeispiel wurde eine Befragung zur Identifizierung und Aufnahme der konkreten Anforderungen des Unternehmens durchgeführt. Die ausgearbeitete Bewertungsmatrix wurde dazu als Vorlage verwendet. Die Kriterien werden nach Vorgaben des Unternehmens und nach den allgemeinen Anforderungen eines Handelsbetriebes gewichtet. Durch die individuelle Gewichtung des Beispielunternehmens können maximal 450 Punkte erreicht werden. Dies gilt für jedes zu bewertende Softwareprodukt. Die Anforderungsaufnahme lieferte dabei folgendes Ergebnis:

Tabelle 3: Anforderungen eines Unternehmens am Beispiel

Kriterium	Gewichtung	Anforderung
Unterstützung der strategischen Ebene		
E-Auction	4	Unterstützung einer E-Auction ist notwendig.
Spend-Analyse	4	Ausgaben bzw. Verbrauchs-analysen müssen vollständig unterstützt werden.
Contract Managment	2	Vertragsmanagement ist wünschenswert. Es ist ein bereits Vertragsmanagement implementiert.
Supplier Management	4	Unterstützung eines umfangreichen Lieferantenmanagement ist notwendig.
Commodity Management	4	Vollständige Unterstützung eines Handelsgutmanagements ist aufgrund des Geschäftsmodells notwendig.
Unterstützung der operativen Ebene		
Desktop Purchasing System	4	Die Unterstützung eines Desktop Purchasing Systems ist notwendig.
Supplier Self Service	3	Die Unterstützung eines Selfservice Portal ist für Prozessoptimierung und bessren Service wichtig.
E-Collaboration	4	E-Collaboration ist für Prozessoptimierung und bessren Service notwendig.
Quality Management	2	Ein Qualitätsmanagement ist bereits implementiert. Jedoch ist eine Integration in das SRM wünschenswert.
Unterstützung der technischen Ebene		
Modularität	2	Eine Modulare Erweiterung nach Anforderung ist wünschenswert.

Software-aktualisierung	3	Regelmäßige Softwareupdates sind wichtig.
Anzahl verfügbarer Sprachen	2	Deutsch/Englische Sprache ist aufgrund des Marktfokus ausreichend. Spätere Anpassung aber wünschenswert.
Schnittstellen	3	Unterstützung und Bereitstellung von Schnittstellen für SAP ERP & CRM sind wichtig .
ERP-Integration	1	Eine vollständige Integration in das ERP System ist nicht erforderlich.
Import-Export Funktionen	3	Unterstützung und Bereitstellung von Export- und Importfunktionen sind wichtig.

Die Tabelle zeigt die Anforderungen des Unternehmens. Sie geben im Wesentlichen die Anforderungen eines Handelsbetriebes wieder, so wie sie vorangegangen dargestellt wurden. Auf der strategischen Ebene sind für ein Handelsunternehmen dieser Größe alle Kriterien wichtig. Für ein Handelsunternehmen sind besonders die Unterstützung einer E-Auction und einer Commodity-Management Funktionalität für optimierte Geschäfts-prozesse und Erschließung neuer Einkaufs- sowie Absatzmöglichkeiten von Bedeutung. Deshalb sind die einzelnen Kriterien auf der strategischen Ebene nahezu vollständig mit dem höchsten Gewichtungsfaktor gewichtet. Ein Vertragsmanagement ist für ein Unternehmen dieser Größenordnung ebenfalls notwendig. In diesem Fallbeispiel ist jedoch eine andere Vertragsmanagementsoftware im Unternehmen bereits eingeführt, so dass die Gewichtung für das Kriterium Contract Management geringer ist. Auf der operativen Ebene ist für das Unternehmen die Unterstützung eines Desktop-Purchasing Systems notwendig. Zudem ist zur besseren Unterstützung der Kommunikation zwischen den Handelspartnern eine volle Unterstützung von E-Collaboration Tools notwendig. Zur optimierten Lieferantenanbindung ist für das Unternehmen die Unterstützung eines Supplier Self Service Portals wichtig. Der Einsatz eines Quality Managements ist ebenfalls bedeutend, jedoch ist in diesem Beispielunternehmen bereits eine Anwendung zur Unterstützung eines Qualitätsmanagements bereits implementiert. Deshalb wurde dieses Kriterium hinsichtlich einer zukünftigen Harmonisierung der eingesetzten Software lediglich als wünschenswert gewichtet. Auf der technischen Ebene sind für das Unternehmen der Aktualisierungszyklus der

Software bedeutend sowie die Verfügbarkeit der Schnittstellen, um weitere Softwaresysteme beziehungsweise die SRM-Software in eine bestehende IT-Landschaft integrieren zu können. Eine modulare Erweiterbarkeit sowie eine große Anzahl unterstützter Sprachen ist wünschenswert, jedoch nicht zwingend notwendig.

4.3   Bewertung und Ergebnis

Die Bewertung der SRM-Softwarelösungen erfolgt anhand des vorangegangenen Fallbeispiels. Für jedes Softwarerodukt ist eine Bewertungstabelle im Anhang A beigefügt, welche die erreichte Gesamtpunktzahl zeigt. Der Vergleich und die Gegenüberstellung erfolgt anhand verfügbarer Datenblätter, Dokumentationen oder per Testinstallation. Das folgende Diagramm gibt die erreichten Gesamtpunitzahlen der einzelnen SRM-Softwarelösungen wieder und zeigt das Ergebnis des Softwarevergleichs:

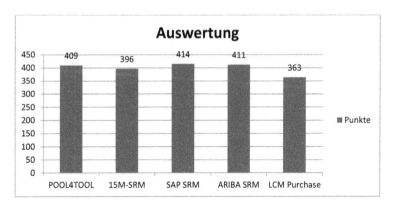

Abbildung 6: Ergebnis des Softwarevergleichs

Die Auswertung des Softwarevergleichs zeigt, dass die erreichte Punktzahl der einzelnen bewerteten Softwarelösungen nahe beieinander liegen. Die SRM-Software der Firma SAP hat mit 414 Punkten von insgesamt 450 erreichbaren Punkten die höchste Punktzahl erreicht. Gefolgt von der Softwarelösung der Firma ARIBA mit einer Punktzahl von 411. Die POOL4TOOL Softwarelösung hat mit 409 Punkten die dritthöchste Punktzahl erreicht. Die Softwaresuite 15M-SRM hat 396 Punkte erreicht und die Softwarelösung LCM-Purchase erreichte 363 Punkte. Die geringere Punktzahl der LCM-Software ist im Wesentlichen darauf zurückzuführen, dass die Unterstützung eines „Desktop Purchasing Systems" auf der operativen Ebene nicht vorhanden ist und somit nicht bewertet werden konnte. In der Bewertungsmatrix ist deshalb das Kriterium „Desktop Purchasing System" mit null Punkten bewertet. Diese Eigenschaft konnte ebenfalls für die 15M-SRM Software aufgrund der fehlenden Implementierung nicht bewertet werden. Der Fokus der 15M-SRM sowie der LCM-Purchase Software liegt auf der strategischen Ebene. Zu bemerken ist, dass alle fünf verglichenen Softwaresysteme die Anforderungen auf der strategischen Ebene nahezu vollständig unterstützen. Die Unterscheide der Softwarelösungen liegen auf der operativen Ebene und hauptsächlich in deren technischen Implementierung. Für das Stahlhandelsunternehmen bedeutet das ausgewertete Ergebnis, dass die SAP SRM Softwarelösung vor der ARIBA SRM Softwarelösung aufgrund der aufgestellten Bewertungskriterien und deren Gewichtung am besten geeignet ist.

5 Zusammenfassung

In diesem Kapitel erfolgt eine Zusammenfassung der bisherigen Ausarbeitung. Es wird zudem ein Ausblick über die weitere Fortführung der Arbeit gegeben.

5.1 Fazit

Zu Beginn der Arbeit wurde auf den Begriff des Supplier Relationship Managements und auf die Grundlagen eingegangen. Für den Softwarevergleich relevante Kriterien wurden dabei beschreiben. Im Anschluss wurde auf die Vorgehensweise und auf die verwendeten Methoden innerhalb dieser Projektarbeit eingegangen. Darauf aufbauend wurde ein Softwarevergleich zwischen fünf am Markt verfügbaren SRM Softwarelösungen durchgeführt. Die einzelnen Softwareprodukte wurden anhand einer Bewertungsmatrix sowie einer Nutzwertanalyse gegenübergestellt und anhand der Anforderungen eines Beispielsunternehmens bewertet und verglichen. Auf Basis des Vergleichs und des daraus resultierenden Ergebnisses konnte ein geeignetes Softwareprodukt für das Unternehmen identifiziert werden. Die Praktikabilität der vorgestellten Vorgehensweise sowie der verwendeten Methoden wurde dabei belegt.

Die Auswertung zeigte, dass die untersuchten Softwareprodukte sich im Wesentlichen in deren technischen Eigenschaften und deren Implementierung unterscheiden. Das Ergebnis der Untersuchung kann lediglich als grobe Orientierung dienen. Hinsichtlich einer konkreten Handlungsempfehlung für ein Unternehmen müssen weitere Betrachtungen, wie zum Beispiel kommerzielle Aspekte einbezogen werden.

5.2 Ausblick

Um eine konkrete Handlungsempfehlung zur Auswahl einer geeigneten SRM Software zu geben bietet sich an ein Kosten- und Nutzenvergleich der unterschiedlichen Softwareprodukte durchzuführen. Zusammen mit der vorliegenden Vergleichs- und Auswahlmethode kann somit ein genaueres

Ergebnis zur Identifizierung einer geeigneten Softwarelösung ausgearbeitet werden. Es bietet sich zudem an weitere am Markt verfügbarer Software-lösungen für ein Lieferantenbeziehungsmanagement zu vergleichen.

Im Allgemeinen zeigte diese übersichtliche Untersuchung von fünf Software-produkten bereits einen Unterschied zwischen „großen" Standardsoftware Anbietern und „kleineren" lösungsorientierten Softwareanbietern. Der Unterschied machte sich im Rahmen dieser Arbeit zwischen der LCM-Purchase Software und den anderen Herstellern bemerkbar. Die LCM Software sowie die 15M-SRM Software legen ihren Schwerpunkt auf die strategische Ebene[16]. Es bleibt deshalb spannend zu beobachten, welche der Softwareanbietern sich durchsetzten werden oder in wie weit eine Koexistenz beziehungsweise Installation gegeben sein wird. Es zeichnet sich ab, dass zukünftige Entwicklung der Einkaufsprozesse und Einkaufsorganisationen hinsichtlich Einsparung und Optimierung in den Unternehmen ein strategischer Wettbewerbsvorteil bedeutet[17]. Der Einsatz einer optimal passenden Software zur Unterstützung des Einkaufs und der Lieferanten-beziehung wird dazu beitragen können[18].

---

[16] The Quality Group GmbH, 2013
[17] Vgl. Kloepfel & Konrad, 2012
[18] Vgl. Taubmann & Wiederstein, 2012

6   Literaturverzeichnis

Appelfeller, W., & Buchholz, W. (2011). *Supplier Relationship Management.*
Wiesbaden: GablerVerlag.

Bea, F., & Haas, J. (1997). *Strategisches Management.* Tübingen: Lucius & Lucius.

Bradler, J., & Mödder , F. (2013). *SAP Supplier Relationship Management.* o.O.:
SAP PRESS.

Hartmann, H. (08 2013). *Beschaffung-Aktuell.de.* Abgerufen am 02. 08 2013 von
http://www.beschaffung-aktuell.de/home/-/article/16537505/26159766/Der-
letzte-Schliff/art_co_INSTANCE_0000/maximized/

Hennig, A., & Schneider, W. (2013). *Gabler Wirtschaftslexikon.* Abgerufen am 14.
09 2013 von http://wirtschaftslexikon.gabler.de/Archiv/56441/handelsbetrieb-
v5.html

Heß, G., Ettinger, A., & Wesp, R. (2010). *Strategisches Supplier Relationship
Management mit System.* Nürnberg: o. Verlag.

Kloepfel, M., & Konrad, M. (14. Feb. 2012). *VC-Magazin.de.* Abgerufen am 07. 09
2013 von Renditesprung via Einkauf -: http://www.vc-magazin.de/aeltere-
beitraege-aller-kategorien/item/944-1-eur-gespart-1-eur-gewinn

Krieger, W. (2013). *Gabler Wirtschaftslexikon, 6.* (S. G. Verlag, Herausgeber)
Abgerufen am 02. 09 2013 von
http://wirtschaftslexikon.gabler.de/Archiv/58459/einkaufspolitik-v6.html

Taubmann, K., & Wiederstein, M. (2012). *polarixpartner.de.* Abgerufen am 07. 09
2013 von Einkaufsstatement 2012:
http://www.polarixpartner.com/tl_files/user_daten/pdfs/polarixpartner_Einka
ufsstatement_%202012.pdf

The Quality Group GmbH. (09 2013). *LCM Purchase.* Abgerufen am 07. 09 2013
von http://www.tqg.de/leistungen/produkte/product-suite-lcm-enterprise-
information-management/lcm-purchase.html

Zangemeister, C. (1976). *Nutzwertanalyse in der Systemtechnik.* München:
Wittemann.

Anhang A – Bewertungstabellen

Bewertungsmatrix – POOL4TOOL

Kriterium	Gewichtung	Anforderung	Bewertung des Softwareprodukts		
			POOL4TOOL		
Unterstützung der strategischen Ebene			Kommentar	Bewertung	Punkte
E-Auction	4	Unterstützung einer E-Auction ist notwendig.	Wird vollständig unterstützt.	10	40
Spend-Analyse	4	Ausgaben bzw. Verbrauchs-analysen müssen vollständig unterstützt werden.	Verbrauchs- und Kostenanalyse wird umfangreich unterstützt.	10	40
Contract Management	2	Vertragsmanagement ist wünschenswert. Es ist ein bereits Vertrags-management implementiert.	Zentrale Vertragsmanagement Datenbank ist vorhanden.	10	20
Supplier Management	4	Unterstützung eines umfangreichen Lieferantenmanagement ist notwendig.	Wird vollständig unterstützt.	10	40
Commodity Management	4	Vollständige Unterstützung eines Handelsgutmanagements ist aufgrund des Geschäftsmodells notwendig.	Materialgruppenmanagement wird vollständig unterstützt.	10	40
Unterstützung der operativen Ebene					
Desktop Purchasing System	4	Die Unterstützung eines Desktop Purchasing Systems ist notwendig.	Wird vollständig unterstützt.	9	36
Supplier Self Service	3	Die Unterstützung eines Selfservice Portal ist für Prozessoptimierung und bessren Service wichtig.	Ist vollständig vorhanden.	8	24
E-Collaboration	4	E-Collaboration ist für Prozessoptimierung und bessren Service notwendig.	Wird unterstützt.	8	32
Quality Management	2	Ein Qualitätsmanagement ist bereits implementiert. Jedoch ist eine Integration in das SRM wünschenswert.	Qualitätsmanagement wird unterstützt.	10	20
Unterstützung der technischen Ebene					
Modularität	2	Eine Modulare Erweiterung nach Anforderung ist wünschenswert.	Weitere Module können bei Bedarf installiert werden.	8	16

Software-aktualisierung	3	Regelmäßige Software-updates sind wichtig.	In regelmäßigen Abständen.	10	30
Verfügbare Sprachen	2	Deutsch/Englische Sprache ist aufgrund der Markt-fokus ausreichend. Spätere Anpassung aber wünschenswert.	Mehrsprachfähig.	10	20
Schnittstellen	3	Unterstützung und Bereitstellung von Schnittstellen für SAP ERP & CRM sind wichtig.	Unterstützt SAP ERP Standard- Schnittstellen. Andere durch 3rd Party.	7	21
ERP-Integration	1	Eine vollständige Integration in das ERP System ist nicht erforderlich.	Integration durch SAP Standard-Schnittstellen und Synchronisierung.	6	6
Import-Export Funktionen	3	Unterstützung und Bereitstellung von Export- und Importfunktionen sind wichtig.	Export in MS Excel wird unterstützt.	8	24
Gesamtergebnis					**409**

Bewertungsmatrix – 15M-SRM

Kriterium	Gewichtung	Anforderung	Bewertung des Softwareprodukts		
			15M-SRM		
Unterstützung der strategischen Ebene			Kommentar	Bewertung	Punkte
E-Auction	4	Unterstützung einer E-Auction ist notwendig.	Wird vollständig unterstützt.	10	40
Spend-Analyse	4	Ausgaben bzw. Verbrauchs-analysen müssen vollständig unterstützt werden.	Verbrauchs- und Kostenanalyse wird umfangreich unterstützt.	10	40
Contract Management	2	Vertragsmanagement ist wünschenswert. Es ist ein bereits Vertrags-management implementiert.	Zentrale Vertragsmanagement Datenbank ist vorhanden.	10	20
Supplier Management	4	Unterstützung eines umfangreichen Lieferantenmanagement ist notwendig.	Wird vollständig unterstützt.	10	40
Commodity Management	4	Vollständige Unterstützung eines Handelsgutmanagements ist aufgrund des Geschäftsmodells notwendig.	Materialgruppenmanagement wird vollständig unterstützt.	10	40
Unterstützung der operativen Ebene					
Desktop Purchasing System	4	Die Unterstützung eines Desktop Purchasing Systems ist notwendig.	keine Angabe und Bewertung möglich	0	0

Supplier Self Service	3	Die Unterstützung eines Selfservice Portal ist für Prozessoptimierung und bessren Service wichtig.	Ist vollständig vorhanden.	10	30
E-Collaboration	4	E-Collaboration ist für Prozessoptimierung und bessren Service notwendig.	Wird unterstützt.	10	40
Quality Management	2	Ein Qualitätsmanagement ist bereits implementiert. Jedoch ist eine Integration in das SRM wünschenswert.	Qualitätsmanagement wird unterstützt.	10	20
Unterstützung der technischen Ebene					
Modularität	2	Eine Modulare Erweiterung nach Anforderung ist wünschenswert.	15 Module integriert	8	16
Software-aktualisierung	3	Regelmäßige Software-updates sind wichtig.	In regelmäßigen Abständen.	10	30
Verfügbare Sprachen	2	Deutsch/Englische Sprache ist aufgrund der Markt-fokus ausreichend. Spätere Anpassung aber wünschenswert.	Mehrsprachfähig	10	20
Schnittstellen	3	Unterstützung und Bereitstellung von Schnittstellen für SAP ERP & CRM sind wichtig.	Unterstützt SAP ERP Standard- Schnittstellen. Andere durch 3rd Party.	9	27
ERP-Integration	1	Eine vollständige Integration in das ERP System ist nicht erforderlich.	Integration durch SAP Standard-Schnittstellen und Synchronisierung.	9	9
Import-Export Funktionen	3	Unterstützung und Bereitstellung von Export- und Importfunktionen sind wichtig.	Export in MS Excel wird unterstützt.	8	24
Gesamtergebnis					396

Bewertungsmatrix – SAP SRM

Kriterium	Gewichtung	Anforderung	Bewertung des Softwareprodukts		
			SAP SRM		
Unterstützung der strategischen Ebene			Kommentar	Bewertung	Punkte
E-Auction	4	Unterstützung einer E-Auction ist notwendig.	Wird vollständig unterstützt; Als Modul vorhanden	10	40
Spend-Analyse	4	Ausgaben bzw. Verbrauchs-analysen müssen vollständig unterstützt werden.	Verbrauchs- und Kostenanalyse wird umfangreich unterstützt.	10	40

Contract Management	2	Vertragsmanagement ist wünschenswert. Es ist ein bereits Vertragsmanagement implementiert.	Zentrale Vertragsmanagement Datenbank ist vorhanden.	10	20
Supplier Management	4	Unterstützung eines umfangreichen Lieferantenmanagement ist notwendig.	Wird vollständig unterstützt.	10	40
Commodity Management	4	Vollständige Unterstützung eines Handelsgutmanagements ist aufgrund des Geschäftsmodells notwendig.	Materialgruppenmanagement wird vollständig unterstützt.	10	40
Unterstützung der operativen Ebene					
Desktop Purchasing System	4	Die Unterstützung eines Desktop Purchasing Systems ist notwendig.	Wird vollständig unterstützt.	9	36
Supplier Self Service	3	Die Unterstützung eines Selfservice Portal ist für Prozessoptimierung und bessren Service wichtig.	Ist vollständig vorhanden.	9	27
E-Collaboration	4	E-Collaboration ist für Prozessoptimierung und bessren Service notwendig.	Wird über unterschiedliche Techniken unterstützt.	9	36
Quality Management	2	Ein Qualitätsmanagement ist bereits implementiert. Jedoch ist eine Integration in das SRM wünschenswert.	Keine Angabe	0	0
Unterstützung der technischen Ebene					
Modularität	2	Eine Modulare Erweiterung nach Anforderung ist wünschenswert.	Weitere Module bzw. Bausteine sind vorhanden.	8	16
Software-aktualisierung	3	Regelmäßige Software-updates sind wichtig.	In regelmäßigen Abständen.	10	30
Verfügbare Sprachen	2	Deutsch/Englische Sprache ist aufgrund der Markt-fokus ausreichend. Spätere Anpassung aber wünschenswert.	Mehrsprachfähig.	10	20
Schnittstellen	3	Unterstützung und Bereitstellung von Schnittstellen für SAP ERP & CRM sind wichtig.	Umfangreiche unterschiedliche Schnittstellen verfügbar.	10	30
ERP-Integration	1	Eine vollständige Integration in das ERP System ist nicht erforderlich.	Vollständige Integration in SAP ERP	9	9
Import-Export Funktionen	3	Unterstützung und Bereitstellung von Export- und Importfunktionen sind wichtig.	Export in MS Excel wird unterstützt.	10	30
Gesamtergebnis					414

Bewertungsmatrix – ARIBA SRM

Kriterium	Gewichtung	Anforderung	Bewertung des Softwareprodukts		
			ARIBA SRM		
Unterstützung der strategischen Ebene			Kommentar	Bewertung	Punkte
E-Auction	4	Unterstützung einer E-Auction ist notwendig.	Wird vollständig unterstützt.	10	40
Spend-Analyse	4	Ausgaben bzw. Verbrauchs-analysen müssen vollständig unterstützt werden.	Verbrauchs- und Kostenanalyse wird umfangreich unterstützt.	10	40
Contract Management	2	Vertragsmanagement ist wünschenswert. Es ist ein bereits Vertrags-management implementiert.	Zentrale Vertragsmanagement Datenbank ist vorhanden.	10	20
Supplier Management	4	Unterstützung eines umfangreichen Lieferantenmanagement ist notwendig.	Wird vollständig unterstützt.	10	40
Commodity Management	4	Vollständige Unterstützung eines Handelsgutmanagements ist aufgrund des Geschäfts-modells notwendig.	Materialgruppenmanagement wird vollständig unterstützt.	10	40
Unterstützung der operativen Ebene					
Desktop Purchasing System	4	Die Unterstützung eines Desktop Purchasing Systems ist notwendig.	Wird vollständig unterstützt.	9	36
Supplier Self Service	3	Die Unterstützung eines Selfservice Portal ist für Prozessoptimierung und bessren Service wichtig.	Ist vollständig vorhanden.	8	24
E-Collaboration	4	E-Collaboration ist für Prozessoptimierung und bessren Service notwendig.	Wird unterstützt.	8	32
Quality Management	2	Ein Qualitätsmanagement ist bereits implementiert. Jedoch ist eine Integration in das SRM wünschenswert.	Qualitätsmanagement wird unterstützt.	10	20
Unterstützung der technischen Ebene					
Modularität	2	Eine Modulare Erweiterung nach Anforderung ist wünschenswert.	Weitere Module bzw. Bausteine sind vorhanden.	6	12
Software-aktualisierung	3	Regelmäßige Software-updates sind wichtig.	In regelmäßigen Abständen.	10	30
Verfügbare Sprachen	2	Deutsch/Englische Sprache ist aufgrund der Markt-fokus ausreichend. Spätere Anpassung aber wünschenswert.	Mehrsprachfähig.	10	20

Schnittstellen	3	Unterstützung und Bereitstellung von Schnittstellen für SAP ERP & CRM sind wichtig.	Unterschiedliche Schnittstellen verfügbar.	7	21
ERP-Integration	1	Eine vollständige Integration in das ERP System ist nicht erforderlich.	Integration durch SAP Standard-Schnittstellen und Synchronisierung.	6	6
Import-Export Funktionen	3	Unterstützung und Bereitstellung von Export- und Importfunktionen sind wichtig.	Umfangreiche Exportfunktionen sind vorhanden.	10	30
Gesamtergebnis					411

Bewertungsmatrix – LCM Purchase

Kriterium	Gewichtung	Anforderung	Bewertung des Softwareprodukts		
			LCM Purchase		
Unterstützung der strategischen Ebene			Kommentar	Bewertung	Punkte
E-Auction	4	Unterstützung einer E-Auction ist notwendig.	Nicht vorhanden; Drittanbieter notwendig	6	24
Spend-Analyse	4	Ausgaben bzw. Verbrauchs-analysen müssen vollständig unterstützt werden.	Verbrauchs- und Kostenanalyse wird umfangreich unterstützt.	10	40
Contract Management	2	Vertragsmanagement ist wünschenswert. Es ist ein bereits Vertrags-management implementiert.	Zentrale Vertragsmanagement Datenbank ist vorhanden.	10	20
Supplier Management	4	Unterstützung eines umfangreichen Lieferantenmanagement ist notwendig.	Wird vollständig unterstützt.	10	40
Commodity Management	4	Vollständige Unterstützung eines Handelsgutmanagements ist aufgrund des Geschäfts-modells notwendig.	Materialgruppenmanagement wird vollständig unterstützt.	10	40
Unterstützung der operativen Ebene					
Desktop Purchasing System	4	Die Unterstützung eines Desktop Purchasing Systems ist notwendig.	keine Angabe und Bewertung möglich	0	0
Supplier Self Service	3	Die Unterstützung eines Selfservice Portal ist für Prozessoptimierung und bessren Service wichtig.	Ist vollständig vorhanden.	8	24
E-Collaboration	4	E-Collaboration ist für Prozessoptimierung und bessren Service notwendig.	Wird unterstützt.	8	32

Kriterium	Gewicht	Anforderung	Bewertung	Wert	Summe
Quality Management	2	Ein Qualitätsmanagement ist bereits implementiert. Jedoch ist eine Integration in das SRM wünschenswert.	Qualitätsmanagement wird unterstützt.	10	20
Unterstützung der technischen Ebene					
Modularität	2	Eine Modulare Erweiterung nach Anforderung ist wünschenswert.	Weitere Module bzw. Bausteine sind vorhanden.	8	16
Software-aktualisierung	3	Regelmäßige Software-updates sind wichtig.	In regelmäßigen Abständen.	10	30
Verfügbare Sprachen	2	Deutsch/Englische Sprache ist aufgrund der Markt-fokus ausreichend. Spätere Anpassung aber wünschenswert.	Mehrsprachfähig.	10	20
Schnittstellen	3	Unterstützung und Bereitstellung von Schnittstellen für SAP ERP & CRM sind wichtig.	Unterschiedliche Schnittstellen verfügbar.	7	21
ERP-Integration	1	Eine vollständige Integration in das ERP System ist nicht erforderlich.	Integration durch SAP Standard-Schnittstellen und Synchronisierung.	6	6
Import-Export Funktionen	3	Unterstützung und Bereitstellung von Export- und Importfunktionen sind wichtig.	Export in MS Excel wird unterstützt.	10	30
Gesamtergebnis					363

www.ingramcontent.com/pod-product-compliance
Lightning Source LLC
LaVergne TN
LVHW042307060326
832902LV00009B/1314